RÉFLEXIONS

d'un Artiste de Province

SUR

LA LIBERTÉ THÉATRALE

APPLIQUÉE A LA PROVINCE,

(Parues dans le Journal parisien *la Comédie*.)

PAR

M. Emile HÉNAULT,

Ex-artiste des Théâtres de la Monnaie de Bruxelles, de Strasbourg, Gand, Nîmes, etc., directeur du Théâtre d'Orléans.

ORLÉANS,

IMPRIMERIE D'ÉMILE PUGET ET Cie, RUE VIEILLE-POTERIE, 9.

—

1866.

RÉFLEXIONS

d'un Artiste de Province

SUR

LA LIBERTÉ THÉATRALE

APPLIQUÉE A LA PROVINCE,

(Parues dans le Journal parisien *la Comédie*)

PAR

M. Emile HÉNAULT,

Ex-artiste des Théâtres de la Monnaie de Bruxelles, de Strasbourg,
Gand, Nîmes, etc., directeur du Théâtre d'Orléans.

ORLÉANS,

IMPRIMERIE D'ÉMILE PUGET ET Cⁱᵉ, RUE VIEILLE-POTERIE, 9.

—

1866.

RÉFLEXIONS

D'UN ARTISTE DE PROVINCE

SUR

LA LIBERTÉ THÉATRALE

Appliquée à la Province.

La vérité a été si rarement dite sur le théâtre en province, que l'opinion générale (à part celle de quelques hommes spéciaux) est complètement faussée.

Les feuilles spéciales n'ont pas toujours le temps et la possibilité de traiter cette question à fond, comme il le faudrait pour aider le malheureux théâtre provincial à sortir de la décadence où il semble être entré depuis bientôt deux ans. — C'est cependant à la presse et aux intéressés, artistes et directeurs, d'apporter ce qu'ils peuvent de lumière sur cette question si obscure, en publiant les faits dont ils ont été les témoins.

Dès qu'une question théâtrale est agitée, les discussions surgissent, la polémique fait briller ses plus belles armes; mais on est presque toujours à côté du vrai, car on discute et on juge au point de vue parisien. Là est l'erreur.

Lors de la proclamation de la liberté théâtrale, une grande partie de la presse spéciale ne s'est occupée que des nouveaux théâtres à construire à Paris, des nombreux débouchés donnés aux jeunes auteurs; la province, croyait-on, devait profiter des mêmes avantages que la capitale ; les scènes nouvelles allaient surgir, la décentralisation prendre son essor; la prospérité la plus brillante attendait chaque théâtre, ancien, ou même nouveau...

Hélas! pourquoi ces heureuses prédictions, ces beaux rêves ne se sont-ils pas réalisés?

Dans plusieurs villes : Bordeaux, Nîmes, Béziers, Montpellier, Orléans, etc., les théâtres ont dû fermer en pleine exploitation, ou les artistes se sont constitués en société, devant un déficit sérieux.—« Les mêmes faits, me dira-t-on, se sont passés souvent du temps des priviléges! » — Oui! mais jamais en aussi grand nombre. Donc, la décadence est évidente. Est-ce à dire que le public n'aime plus le théâtre? Erreur! jamais le goût des arts et de la littérature n'a été aussi développé qu'aujourd'hui. — Y a-t-il décadence dans l'interprétation des ouvrages, et les artistes d'aujourd'hui sont-ils inférieurs, moins méritants, ont-ils moins de talent que leurs devanciers? — Nous ne le croyons pas.

A notre avis, les différentes causes de la décadence du théâtre en province sont ailleurs : elles sont dans la *concurrence,* dans *l'insuffisance des subventions,* dans *l'élévation des droits d'auteurs et d'éditeurs,* dans la *satiété* qu'éprouve le public pour le répertoire musical actuel.

Nos réflexions porteront donc sur ces diverses causes de décadence, et sur les moyens propres, selon nous, à y remédier.

I.

DE LA CONCURRENCE.

La liberté théâtrale, abolissant les priviléges qui, nous en convenons, ne répondaient plus aux besoins de l'époque, presque partout mal interprétée et faussement appliquée, mène le théâtre en province à une complète dégénérescence, l'art à sa perte, les artistes et les directeurs à la ruine.

L'évidence des faits le prouve. Alors que le théâtre provincial avait des lisières, il pouvait à peine se soutenir. On les lui retire... il tombe ! !

La liberté théâtrale, bonne (peut-être !) à Paris, en considération des débouchés nouveaux donnés aux auteurs, de la facilité donnée aux initiatives pour se produire, est, *telle qu'elle existe actuellement*, matériellement impossible en province. Elle engendre une concurrence commerciale dangereuse pour l'art, le public, les artistes et les directeurs. — Lyon, Marseille, Toulouse, Bordeaux, Lille, Nîmes, le Hâvre, Toulon, Orléans, Tours et autres villes plus ou moins importantes, ont construit de nouveaux théâtres, ouvert de nouvelles salles. Qu'en est-il résulté?... Presque toutes ces opérations ont périclité, ou ont amené la fermeture, la faillite du théâtre municipal. Nous ne voyons en ceci d'avantage pour personne.

Cette concurrence met actuellement les directeurs dans

la nécessité de courir après la nouveauté quand même. Là
n'est pas le mal, mais cette lutte de petits moyens de vitesse
à qui arrivera le premier pour offrir au public la comédie
en vogue, la nouveauté à la mode, est aux dépens de l'œuvre elle-même. Le manque de soins, les négligences de mise
en scène, les défauts de mémoire des artistes qui doivent
jouer quand même à jour fixe, tout cela n'arrête pas le directeur, lequel, *tenant*, comme on dit, *la queue de la poële*,
ne veut ni ne peut se laisser distancer par ses concurrents.

Que gagne l'art à ces procédés?

Qu'y gagnent les auteurs?

Ceux-ci semblent avoir compris le danger de la situation;
mais, pour y remédier, ils ont trouvé un moyen singulier:
l'interdiction!

Ce moyen, qu'un vide de la loi laisse à la discrétion de
chacun, est-il bien le bon? Quand un auteur, par l'organe
de la société qui le représente, a tacitement consenti un droit
pour la représentation de ses ouvrages, doit-il, par caprice ou
sur l'offre de primes plus fortes, interdire à tel directeur, au
profit de tel autre, la représentation desdits ouvrages? —
Non! la logique s'y oppose. Il peut, mais il ne doit pas le faire.

Sur quelles bases un directeur opèrera-t-il, commerciale-
ment parlant, si d'un jour à l'autre les conditions d'exploitation peuvent changer, ou si la représentation des ouvrages
à succès lui est interdite? — Nous croyons qu'ici la liberté
théâtrale ne pouvait pas trouver une plus sérieuse entrave.
Pourquoi ne fixerait-on pas un maximum, sauvegardant
ainsi les intérêts de tous?

Pour la représentation des opéras nouveaux, il est, en
plus, un droit d'éditeurs, duquel nous parlerons plus loin.

La concurrence amène également de singulières audaces
de la part des directeurs besoigneux, audaces tolérées par
les autorités qui, certes, lors des priviléges, ne les eussent
point supportées. — Nous avons assisté, dans la ville de
Z..., à deux représentations fort amusantes, ma foi! Un cir-

que venait se fixer dans la ville, au grand désespoir du directeur du théâtre. Que fait-il? Il prend le chemin de fer (la ville de Z... est à proximité d'une grande ville), et, bien que n'ayant pas les éléments nécessaires pour jouer l'opéra — ni chœurs, ni orchestre, — il racole quelques artistes lyriques et affiche pour le soir « *Le Barbier de Séville*, opéra de Rossini! » Grand émoi parmi le personnel équestre *concurrent*, et grande joie des dilettanti locaux. Le soir, en effet, la salle se remplit. Le premier acte fait sensation! Au second, un obstacle se présente : l'artiste chargé du rôle de Basile n'est pas arrivé... Comment faire?... Notre impresario ne s'arrête pas pour si peu. En homme de ressources, il fait endosser la soutane à son souffleur, lequel ne sait pas un mot du rôle, et chante à peu près comme chantait feu Grassot.

Cependant, la scène IV embarrassait fort notre homme. Heureusement, l'artiste jouant Bartholo, attendant en vain la réplique, comprit tout de suite, et voici le moyen qu'il employa pour sauver la situation :

BARTHOLO : Ah ! Don Basile, vous venez donner à Rosine sa leçon de musique?

BASILE (en voix de basse) : Oui !

BARTHOLO : A votre mine je vous vois porteur d'une mauvaise nouvelle. Le comte Almaviva serait-il en cette ville ?

BASILE (en voix de basse) : Oui !!

BARTHOLO : Il loge sur la grand'place, n'est-ce pas ?

BASILE (toujours en voix de basse) : Oui !!!

BARTHOLO : Que faire ? Ah ! je me rappelle ce que vous me disiez hier : lui susciter une méchante affaire, et pendant la fermentation calomnier à dire d'experts !

BASILE (plus que jamais en voix de basse) : Oui !!!!

BARTHOLO : La calomnie, c'est cela !

Puis, continuant jusqu'au bout à intervertir les personnages, le courageux Bartholo chanta à Basile l'air fameux :

C'est d'abord rumeur légère...

La situation fut sauvée, mais la pièce devint incompréhensible. Quelques spectateurs délicats comprirent au finale et au troisième acte qu'il y avait ce qu'on appelle un *accroc* ; mais la majorité fut persuadée que cela devait être ainsi.

Une autre fois, — c'était dans *Lucie*, — l'artiste chargé du rôle de Raymond ayant oublié de se rendre au théâtre, le coryphée chantant le confident Gilbert fut au second acte affublé d'une barbe prodigieuse et d'une superbe perruque, ce qui remplaça la voix absente. Le malheureux complaisant ne savait pas un mot du rôle ; le public, cette fois, se fâcha tout rouge, et les représentations d'opéra durent cesser.

Est-ce bien là de l'art ?

L'autorité, compatissante devant la concurrence faite aux malheureux directeurs, ferme presque toujours les yeux sur ces déplorables scandales.

De passage à T..., ville du Midi, alléché par une superbe affiche annonçant « *La Tour de Nesle*, drame en douze tableaux d'Alexandre Dumas », nous entrâmes un soir, sur le champ de foire, dans une baraque, persuadé que nous allions voir de superbes marionnettes. Du tout : nous vîmes très-bien de véritables *comédiens*... (quand je dis : comédiens !!!...) jouant ce qu'on appelle *au canevas*, c'est-à-dire brodant eux-mêmes, pendant une heure et demie, de la prose... et quelle prose !!! sur le sujet de Dumas.

Pareil fait s'est passé à la foire de Saint-Cloud, l'an dernier. Cette liberté-là n'est-elle pas scandaleuse ?

Tout est bon au théâtre. Maintenant, une seule pensée, un seul but guident les directeurs : *faire de l'argent*. Toutes les exhibitions sont produites sans vergogne.

L'hiver dernier, à N....., une troupe d'Arabes acrobates se présente : vite on l'engage au Grand-Théâtre — de peur que le petit n'en profite — et, le soir, les abonnés et les habitués sont régalés de sauts périlleux et d'exhibitions d'autruches, « *digérant instantanément des tuyaux de pipes!* » le tout encadré de la *Papillonne*, de Sardou, et des *Noces de Jeannette*, de Massé.

Nous croyons que là n'est pas le but de la liberté des théâtres. Laissons chaque genre de spectacle à sa place : aux baraques foraines les exhibitions et les excentricités. Contentons-nous, dans nos théâtres d'art, de musique et de littérature.

—

II.

DES MUNICIPALITÉS. — DES SUBVENTIONS.

Lors de la promulgation du décret sur la liberté de l'exploitation théâtrale, plusieurs villes, Marseille en tête, supprimèrent tout subside au théâtre municipal, objectant « que la liberté ne pouvait être entravée, et qu'il était logique d'en attendre les bienfaits qu'elle ne pouvait manquer de produire. » Ces municipalités exprimaient-elles franchement leur véritable pensée? Cela n'est pas probable. Nous voyons plutôt dans ces suppressions de subside une protestation contre le nouvel état de choses. Cela semble avoir été compris ainsi, car une circulaire ministérielle ne tarda pas à engager les municipalités à rétablir, et même à augmenter les subventions.

Ou le théâtre est d'utilité publique, et alors il faut le soutenir, — ou il doit, considéré comme un simple plaisir, être abandonné à lui-même.

M. Lacirel, le rapporteur de la Commission théâtrale

marseillaise, chargé d'étudier récemment la question de la subvention, l'a fait d'une manière remarquable :

« Les adversaires de la subvention, dit-il, prétendent qu'elle ne peut tourner ni au profit de l'art ni au profit de la morale... Au point de vue de l'art, il ne faut pas oublier que le drame lyrique est dans nos mœurs, que c'est une de nos gloires nationales.... Vous encouragez les sociétés chorales ! A quoi bon le Conservatoire, si vous fermez le théâtre qui offre seul un avenir à ses élèves ? Le peuple s'inspire des chefs-d'œuvre et en répète les morceaux ; il faut conserver et soutenir le théâtre pour arracher le peuple à des délassements grossiers. »

Les prétentions des artistes lyriques sont, dit-on, exorbitantes. Ceci d'abord ne peut s'appliquer qu'à un certain ordre d'artistes et d'emplois ; et puis, à part trois ou quatre villes, quelle est actuellement en France la durée ordinaire des campagnes théâtrales ? *Cinq* ou *six mois*. Or, l'artiste a augmenté ses prétentions en raison de la diminution du temps employé. Quand il faisait dix ou onze mois de campagne, il gagnait autant qu'aujourd'hui, bien que touchant mensuellement de moins fortes sommes. Prenons garde ! la carrière italienne a déjà tenté beaucoup d'artistes français, et notre répertoire actuel a plus que jamais besoin de bons interprètes !

Nous devons ajouter cependant qu'il y a tendance vers l'augmentation des subsides municipaux. Marseille, Lyon, Bordeaux, Toulouse, Nantes, etc., donnent l'exemple, et cette délicate question des subsides, si chaudement discutée partout, est presque unanimement résolue par l'affirmative.

Quelques villes ont fait une application singulière de la liberté théâtrale, en appelant à elles des troupes italiennes. Fort heureusement, ces essais ont peu réussi, en dépit de l'enthousiasme de convention des « Auvergnats lyriques, » comme Albert Wolff appelle spirituellement les partisans de l'italien quand même. Nice même a vu son théâtre italien fermé cette année, et l'opéra français y est demandé.

Une autre ville éminemment artistique, Bruxelles, qui peut être considérée comme française pour les mœurs, les goûts et les coutumes de ses habitants, ne vient-elle pas aussi de faire un accueil plus que froid à la Compagnie italienne (Bagier)? Et cependant celle-ci renferme des étoiles. Cela prouve qu'en dépit de l'enthousiasme, souvent peu raisonné, pour tout ce qui est étranger, il est encore en France bon nombre d'artistes de premier ordre, et que l'invasion étrangère n'est nullement indispensable. Soyons généreux, hospitaliers envers les étrangers, mais restons justes pour les nôtres.

La question des subventions pour les petites villes est plus difficile à résoudre, en raison des ressources restreintes dont elles peuvent disposer. Telle ville, qui donne *dix* ou *douze mille francs* de subvention, exige une troupe sédentaire pendant au moins *six* mois, laquelle troupe doit jouer l'opéra, la comédie, le drame, le vaudeville, etc., etc.

Pourquoi, se contentant de campagnes plus courtes, mais plus artistiques et mieux remplies, les petites villes ne s'entendraient-elles pas entre elles, en bonnes voisines, pour avoir chacune *trois mois d'opéra seulement?* Réunissant ainsi leurs ressources, elles bénéficieraient bien certainement de cette combinaison. Ayant une troupe plus complète, un répertoire mieux choisi, plus développé, en un mot des représentations plus dignes, trois villes trouveraient dans l'association de grands avantages.

Quoi qu'on fasse, quoi qu'on dise de l'ancien mode des arrondissements, nous croyons que là est le seul moyen de faire vivre les petites scènes provinciales, au point de vue de l'opéra. — Cela demande évidemment un grand travail, car l'ancien état de choses ne répondait plus aux besoins actuels. C'est un remaniement complet à faire; quelques villes l'ont compris déjà : Rennes, Laval et le Mans viennent de s'entendre et de s'associer. Une subvention est fournie par les trois cités.

III.

DES ÉDITEURS.

Depuis quelque temps, une charge de plus est venue encore grever le budget des malheureux directeurs. Nous voulons parler du nouveau droit exigé et des nouvelles conditions de vente imposées par les éditeurs de musique.

Jadis, un éditeur vendait un opéra — partition et parties d'orchestre — un certain prix, selon sa valeur, ou plutôt sa réputation, et l'affaire une fois consentie, libre à vous de vous servir de votre acquisition à votre guise (droits d'auteurs réservés, bien entendu). Aujourd'hui ce n'est plus cela. Un directeur achète une partition en vogue, et l'éditeur, bien que la lui faisant payer fort cher, lui tient à peu près ce langage: « Je vous vends cet ouvrage, mais je ne vous autorise à le jouer que dans... telle ville... *dans telle ville seulement!* » — « Mais, objecte le directeur, je serai, l'an prochain, probablement ailleurs, et si je fais cette dépense, c'est dans l'espoir de me récupérer en montant cet ouvrage dans toutes les villes où j'administrerai? » — « Non! nous causerons alors des nouvelles conditions et du nouveau droit que vous devrez me payer... »

Nous connaissons un directeur qui, après avoir acheté en toute propriété une partition *mille francs*, et l'avoir fait exécuter dans une seule ville (ville très-secondaire), a dû, pour la faire exécuter dans une autre ville dont il était le directeur l'année suivante, payer encore la moitié de cette somme, et *rendre, à la fin de la campagne, la partition à l'éditeur.* C'était un ouvrage en vogue: le malheureux fut forcé d'en passer par là; il donna 1,500 fr., et il ne lui resta rien.

Que penserait-on d'un marchand tailleur qui vous vendrait un pardessus en vous défendant de le porter ailleurs qu'à Melun?

Nous ne considérons les éditeurs que comme de simples commerçants ; c'est donc sur les auteurs et compositeurs que retombe cette nouvelle prétention. Où cela s'arrêtera-t-il?

A l'appui de nos idées, nous ne pouvons mieux faire que de reproduire ici les réflexions suggérées à l'érudit chroniqueur musical de l'*Indépendance belge* par un récent procès. L'arrêt de la Cour de cassation qui vient d'intervenir dans le procès intenté par les auteurs de la *Belle Hélène* au directeur du théâtre des Galeries, est du plus haut intérêt pour nos entrepreneurs de spectacles.

« ... Ce qu'il y a d'affligeant dans tout cela, c'est de voir que l'idée dominante de l'époque est une idée de lucre. De quelque chose qu'il s'agisse, on demande ce qu'elle rapportera ; on ne l'estime que ce qu'elle produit pécuniairement. C'est surtout dans le domaine de la musique que cette soif de gain se manifeste. Il est vraiment étrange que ce soit l'art poétique et idéal par excellence qui donne lieu aux témoignages les plus significatifs de l'esprit mercantile qui distingue notre siècle. Jadis le compositeur se contentait de percevoir le droit établi pour la représentation de ses opéras et de toucher le prix de la partition vendue à l'éditeur. Il ne songeait pas à se faire payer pour les emprunts partiels faits à ses œuvres .. Pour toute musique exécutée en public, il y a un droit à payer. Tel compositeur célèbre et riche empoche les deux ou trois francs qu'un chanteur est tenu de lui payer pour l'usage qu'il a fait d'un de ses morceaux dans une réunion publique. Ce qu'il récolte ainsi dans le courant de l'année vaut-il l'atteinte portée à son caractère par une telle âpreté? Le compositeur compte-t-il pour rien le service que lui rendent ceux qui colportent ses œuvres et contribuent à les populariser? Son âme est-elle en pierre de touche, et ne peut-elle prendre d'autre empreinte que celle de l'or? — Non-seulement il faut payer pour chanter une cavatine ou une romance dans un concert, mais les marchands de musique ont demandé qu'on fît une loi pour qu'on ne pût pas adapter un morceau quelconque au cylindre d'un orgue de Barbarie ou d'une boîte à sonnerie, sans solder une redevance à l'éditeur de l'œuvre ! ! ! Il faudra payer pour faire exécuter

quelques mesures d'un thème d'opéra par les carillons de nos clo-
ches ; il faudra payer, si l'on est amateur d'oiseaux, pour faire chanter par un virtuose de la gent ailée le moindre petit air qui n'est pas
tombé dans le domaine public. Remarquez qu'il aura préalablement
payé pour faire adapter cet air au mécanisme de la serinette qui sert à
l'éducation vocale des oiseaux.

« Quelques marchands de musique ont imaginé un petit moyen as-
sez ingénieux pour rendre plus fructueuse l'exploitation des partitions
d'opéras dont ils achètent la propriété. Autrefois on publiait la grande
partition et les parties d'orchestre d'un opéra à un prix fixe, auquel le
premier venu pouvait les acquérir. Ce n'est plus ainsi que les choses se
passent. Les entrepreneurs de spectacles qui veulent monter un opéra
doivent traiter avec l'éditeur pour l'achat de la partition et des parties
détachées. Le prix est à débattre, il est proportionné à l'importance de
la ville, au chiffre de la population, et sans doute aussi à son degré de
dilettantisme. Ce n'est plus de la vente d'une œuvre de musique qu'il
s'agit, mais d'une prime de représentation que l'éditeur trouve bon de
se faire allouer. L'éditeur est dans son droit, à condition toutefois qu'il
ait l'assentiment de l'auteur qui a un double intérêt, intérêt de réputation et intérêt pécuniaire, à ce que sa pièce soit représentée dans le
plus grand nombre de localités possible ; mais ce système fait un peu,
beaucoup prédominer la boutique dans les choses musicales ! Il y a
des éditeurs qui poussent la précaution jusqu'à faire signer par les
personnes qui achètent des partitions ou fragments de partitions avec
des parties d'orchestre un contrat par lequel elles s'engagent à ne
communiquer à qui que ce soit la musique qui leur est vendue, et à ne
pas en laisser prendre de copies. Où en seront les directeurs de spectacles ! si, rançonnés d'un côté par les marchands de musique, ils doivent subir de l'autre les exigences des auteurs ? Il est heureux que les
tribunaux les aient mis chez nous à l'abri de cette dernière et fâcheuse
éventualité. »

Que n'en est-il de même en France !...

Comme il faut vouloir ce qu'on ne peut empêcher, en attendant mieux, il n'y a qu'un moyen pour atténuer les dé-
sordres que peuvent amener de pareilles prétentions, toujours croissantes : c'est que les villes elles-mêmes fassent,
pour leur propre compte, acquisition des partitions nouvelles.

IV.

LE RÉPERTOIRE ACTUEL — L'OPÉRETTE. —

LES TRADUCTIONS.

A l'exception de *Faust*, véritable chef-d'œuvre, le répertoire lyrique français ne s'est guère enrichi depuis dix ans. C'est fâcheux à dire pour MM. les compositeurs contemporains, mais cela est ainsi. Est-ce le goût du public qui a changé, ou la faute en est-elle aux compositeurs eux-mêmes? Nous ne croyons pas que le goût public ait changé, car les reprises des chefs-d'œuvre de l'école française, — la *Dame blanche*, l'*Eclair*, le *Pré aux Clercs*, le *Domino noir*, etc., — soulèvent toujours et partout la même admiration.

Qu'on ne nous oppose pas les succès de contrebande pour ainsi dire « imposés à Paris. » — Cinquante représentations d'un ouvrage lyrique ne prouvent absolument rien en sa faveur dans une ville comme Paris, où chaque soir *cinquante ou soixante mille étrangers* encombrent les théâtres et les cafés-concerts.

La comédie lyrique (l'opéra comique), « genre éminemment national, » aujourd'hui déclassé par le trop d'extension qu'on lui a donnée, perd de jour en jour tout son charme.

Les poèmes sont généralement négligés. Plus de ces charmantes comédies, de ces délicieux *libretti* que Scribe étayait si bien!

Les nouveaux ouvrages sont tellement travaillés, tellement lourds d'orchestration, tellement chargés de mise en scène, qu'ils ont l'importance, le développement du drame lyrique, c'est-à-dire du grand opéra. On ne songe plus qu'à faire de la musique savante, et l'on arrive à faire... de la musique ennuyeuse. Le malheur en ceci est que ce mépris pour la mélodie, pour l'idée première, a engendré un genre bâtard, détestable à tous points de vue — l'opérette — que l'on pourrait appeler « la prostitution de la musique! » Ce genre, malheureusement, a été accueilli avec faveur, faveur expliquée par l'ennui éprouvé à l'audition de presque tous les opéras-comiques écrits aujourd'hui.

Quoi qu'on ait pu dire en ces derniers temps, les traductions ont bien certainement rendu de grands services aux directions théâtrales, et l'on doit beaucoup à Verdi, car le *Trouvère, Rigoletto* et la *Traviata* sont et demeurent au répertoire.

Exprimons l'espoir que les compositeurs français s'arrêteront dans la fâcheuse voie où ils sont engagés, et que l'opéra-comique renaîtra, jeune, vigoureux et charmant, comme au temps des Hérold, des Adam et des Auber !

V.

LE PUBLIC. — LES DÉBUTS. — LE SUFFRAGE

UNIVERSEL.

En province, le public blasé voit tous les ans, à la même époque, l'ouverture de son théâtre avec le même spectacle, *Dame blanche! Mousquetaires! Barbier!!!* etc.

Alors qu'il a fait connaissance avec les artistes — ce qui est l'affaire d'un mois, — il ne va plus au théâtre que comme il va au cercle, au café, — par désœuvrement et pour tuer le temps.

De là, après la petite comédie locale des débuts, — les comédies scandaleuses, signalées dans plusieurs villes, et dont souvent des artistes de talent sont les victimes.

On a tant dit sur cette question qu'il serait oiseux d'y revenir.

Souhaitons cependant que les débuts, *nécessaires* au point de vue des intérêts et du public et de l'artiste, soient réglementés uniformément en France.

Plus de commissions spéciales, plus de cénacles d'abonnés.

LE SUFFRAGE UNIVERSEL!

—

VI.

CONCLUSIONS.

Pour résumer en peu de mots nos quelques réflexions, nous dirons donc qu'à notre point de vue les moyens de relever le théâtre de province chancelant sont dans la réglementation de l'application du décret du 5 janvier.

Plus de baraques ;

Plus de représentations scandaleuses ;

Augmentation des subsides municipaux ; et s'il n'est pas possible de rétablir les anciens arrondissements, entente amicale des petites villes entre elles ;

Maximum raisonné du droit des auteurs, — et des éditeurs ;

Acquisitions par les villes elles-mêmes des partitions nouvelles ;

Concessions faites à la Mélodie par les compositeurs modernes. Un peu moins de chiffres, un peu plus de musique, et l'opérette tombera d'elle-même ;

Suppression des commissions de débuts ; — le suffrage universel appliqué partout.

Si les quelques réflexions que nous avons faites ici peuvent seulement faire tourner les yeux vers le malheureux théâtre provincial, nous serons heureux, et nous n'aurons pas perdu notre temps.

Nous espérons trouver des imitateurs, car c'est une croisade contre les abus qu'il faut entreprendre.

Le théâtre aujourd'hui est d'*utilité publique*; sa prospérité intéresse tout le monde.

Un des immortels Quarante ne disait-il pas récemment :

« Autrefois les œuvres de l'intelligence n'avaient pour juge qu'un public restreint et privilégié, aujourd'hui c'est à la foule qu'elles s'adressent, — cette foule qui se renouvelle sans cesse, pour qui les émotions de la scène sont devenues presque un besoin. »

Que chacun apporte donc son idée à l'œuvre commune !

E. HÉNAULT.